ELKE SELKE

GEHÄKELTE GARDINEN 6

FOTOGRAFIE: KARSTEN SELKE

Bibliografische Information der Deutschen Nationalbibliothek
Die Deutsche Nationalbibliothek verzeichnet diese Publikation in
der Deutschen Nationalbibliografie; detaillierte bibliografische
Daten sind im Internet über www.dnb.de abrufbar.

Inhalt:

Liebe Leserinnen und Leser

Immer mehr wissenschaftliche Studien bestätigen, dass Häkeln den Blutdruck senkt, Stress abbaut, das Gedächtnis stärkt und entspannt. Also, worauf warten Sie noch?

Häkeln macht viel Spaß und ist ganz einfach zu erlernen. Schließlich sind es nur Luftmaschen und Stäbchen, die in der richtigen Reihenfolge aneinandergereiht dekorative Muster ergeben.

In diesem Buch finden Sie eine Auswahl zauberhafter Gardinen mit Kindermotiven, Blumen und Tieren, grafischen oder romantischen Mustern. Wählen Sie Ihr Lieblingsmodell!

Ich wünsche Ihnen viel Erfolg und Freude beim Häkeln!

Ihre Elke Selke

Bevor Sie beginnen ...

Für das Gelingen der Häkelarbeit spielt die Qualität des Materials eine sehr große Rolle. Bitte bedenken Sie bei der Auswahl des Garnes, dass eine Handarbeit, die in jedem Fall viel Zeit in Anspruch nimmt, auch für viele Jahre ihre Schönheit behalten soll. Daher ist es sehr wichtig, hochwertiges Garn zu wählen. Lassen Sie sich vom Händler beraten oder nutzen Sie die Telefonhotlines der Hersteller.

Häkelgarne gibt es nicht nur in verschiedenen Farben und Qualitäten, sondern auch in verschiedenen Stärken. Für Gardinen empfehle ich die Stärke 10 (LL 280 m/50g). Alle Modelle dieses Buches sind in dieser Stärke gearbeitet.

Wichtig ist auch die Wahl einer geeigneten Häkelnadel. Diese muss auf die Stärke des Garnes abgestimmt sein. Sie finden auf den Banderolen des Häkelgarns Angaben zur empfohlenen Größe der Häkelnadel. Auch die Häkelnadel sollte von guter Qualität sein. Eine Häkelnadel, die nicht gut verarbeitet ist, die beim Häkeln hakt oder nicht gut in der Hand liegt, wird Ihnen keine Freude bereiten. Ob Sie eine Häkelnadel aus Metall, Holz, Bambus oder Kunststoff wählen, ist Ihrem Empfinden überlassen. Probieren Sie die Nadeln am besten vor dem Kauf aus.

Bei jeder Gardine habe ich Maße angegeben, die als Orientierung dienen sollen. Auch bei Verwendung des gleichen Garns und einer Häkelnadel in der gleichen Stärke können Abweichungen auftreten. Ob Sie fest oder eher locker häkeln und wie die Gardine nach Fertigstellung gespannt wird, das alles hat Einfluss auf die endgültige Größe der Arbeit.
Die Größenangaben beziehen sich immer auf die Größe der gespannten Gardine.

Sie finden bei jedem Modell auch Hinweise zur möglichen Veränderung der Größe der Gardine. Einige Gardinen können um ganze Mustersätze reduziert oder erweitert werden, andere lassen sich durch Einfügen oder Entfernen von Filetreihen an die gewünschte Fenstergröße anpassen. Häkeln Sie vor Beginn der Arbeit eine kleine Musterprobe, um die Größe hochrechnen zu können. Hierzu empfehle ich, ein Quadrat aus 10 Kästchen in Höhe und Breite mit dem Garn und der Häkelnadel, die Sie für die Gardine verwenden wollen, zu häkeln. Aus der Größe des Quadrates können Sie die Größe des fertigen Modells berechnen.

Ganz wichtig für ein optimales Erscheinungsbild einer Häkelarbeit ist das Spannen. Der Markt bietet Spannrahmen, Spannunterlagen und Spannvorrichtungen in verschiedenen Ausführungen an. Ich habe für die Modelle des Buches die Hilfe einer Gardinenspannerei in Anspruch genommen, die ich sehr empfehlen kann:

Gardinen- und Deckenspannerei, K. Schernich, Hauptstr. 32, 96193 Wachenroth, Tel. 09548/8069.

Die Filethäkelei

Die Filethäkelei ist eine schnell zu erlernende Häkeltechnik. Wenn Sie das Häkeln von Luftmaschen, Stäbchen und Kettmaschen beherrschen, dann können Sie bereits alle Modelle des Buches nacharbeiten.

Den Beginn bildet eine Luftmaschenkette (Abb. 1/ Seite 12). Die benötigte Anzahl Luftmaschen ist bei jedem Modell vermerkt. Dann werden Hin- und Herreihen gearbeitet. Das erste Stäbchen wird dabei durch drei Wendeluftmaschen ersetzt. (Abb. 2/ Seite 12)

Die Filethäkelei ist eine Kombination aus leeren und gefüllten Kästchen. Ein leeres Kästchen besteht aus einem Stäbchen und zwei Luftmaschen, ein gefülltes Kästchen besteht aus drei Stäbchen. Durch das Aneinanderfügen gefüllter Kästchen werden Motive gestaltet.

Wenn leere Kästchen auf leere Kästchen gehäkelt werden, müssen die Stäbchen in die Stäbchen der Vorreihe gearbeitet werden. Wenn volle Kästchen auf volle Kästchen gehäkelt werden, werden alle Stäbchen in die Stäbchen der Vorreihe gearbeitet. Wenn volle Kästchen auf leere Kästchen gehäkelt werden, wird ein Stäbchen in das Stäbchen und zwei weitere Stäbchen um die Luftmaschen der Vorreihe gearbeitet. Wenn leere Kästchen auf volle Kästchen gehäkelt werden, dann wird ein Stäbchen in das Stäbchen der Vorreihe gearbeitet und die beiden folgenden Stäbchen werden durch zwei Luftmaschen ersetzt.

Zunahmen: Bei den Gardinen mit Zickzack- oder Spitzenrändern sind Zunahmen erforderlich. Wenn ein Kästchen am Reihen-anfang zugenommen werden soll, werden am Anfang 6 Luftmaschen gehäkelt, die ersten vier ersetzen das erste Stäbchen, in die 5. und 6. Luftmasche wird jeweils ein Stäbchen gearbeitet, das nächste Stäbchen wird in das letzte Stäbchen der Vorreihe gehäkelt.
Für das Zunehmen eines Kästchens am Reihenende müssen drei Doppelstäbchen gehäkelt werden. Die Einstichstelle des ersten ist die Einstichstelle des letzten Stäbchens. Die beiden weiteren Doppelstäbchen werden in das erste Abmaschglied des vorigen Doppelstäbchens eingestochen. Wenn mehrere Kästchen zugenommen werden sollen, verfahren Sie entsprechend.

Abnahmen: Um Kästchen am Reihenanfang abzunehmen, häkeln Sie eine Wendeluftmasche und Kettmaschen in jedes Stäbchen bzw. jede Luftmasche der Vorreihe, bis Sie an die gewünschte Stelle kommen. Um ein Kästchen abzunehmen, häkeln Sie also eine Wendeluftmasche und 2 Kettmaschen.
Das Abnehmen am Reihenende ist ganz einfach, Sie enden an der gewünschten Stelle und lassen die übrigen Kästchen unbehäkelt.

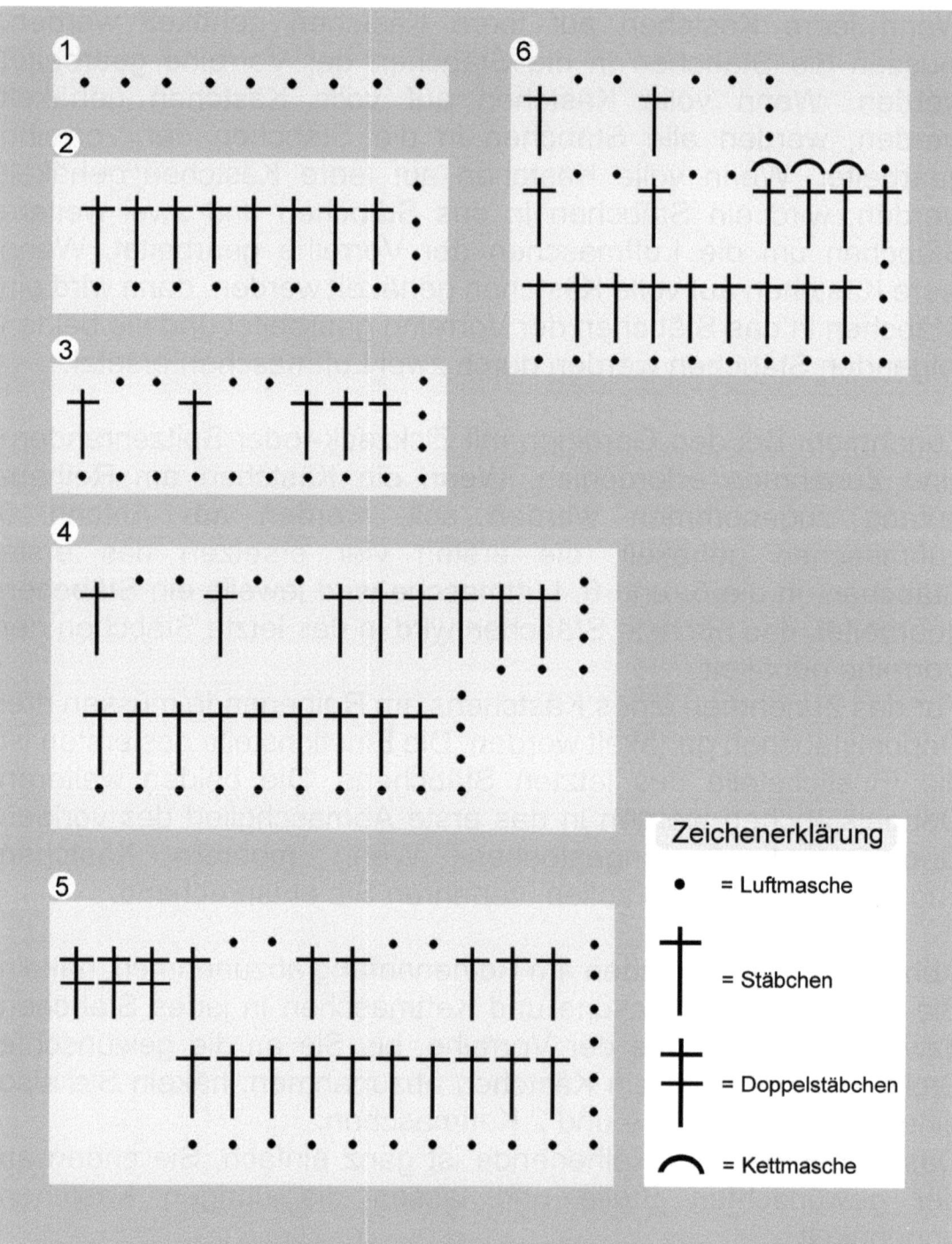

Zeichenerklärung

• = Luftmasche

† = Stäbchen

‡ = Doppelstäbchen

⌢ = Kettmasche

Die Randlösungen

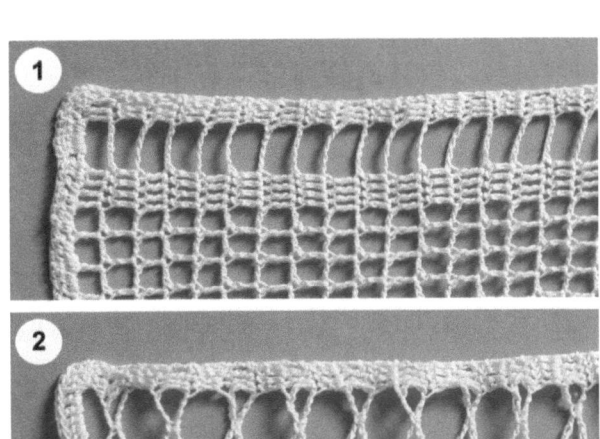

Randlösung 1:
Dieser Randabschluss ist einfach zu arbeiten. Er bietet verschiedene Varianten der Aufhängung und kann problemlos abgewandelt werden. Über die letzten vier Kästchen werden ein volles Kästchen, 5 Luftmaschen über 2 Kästchen und wieder ein volles Abschlusskästchen gehäkelt. Diese Randlösung wird bei den meisten Gardinen des Buches genutzt und ist in der Musterzeichnung mit Randlösung 1 bezeichnet.

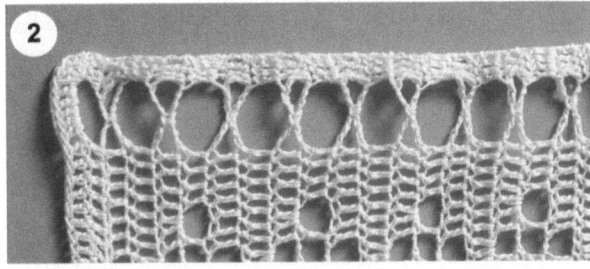

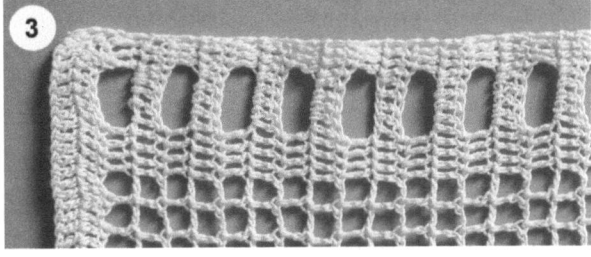

Randlösung 2: Die Randlösung 2 wird ähnlich der Randlösung 1 gearbeitet. Über die letzten 5 Kästchen werden ein volles Kästchen, 5 Luftmaschen über 2 Kästchen und wieder ein volles Abschlusskästchen gehäkelt. In der Rückreihe werden 1 volles Kästchen, 2 Luftmaschen, 1 feste Masche in die vorherige Luftmaschenreihe und wieder 2 Luftmaschen sowie ein volles Kästchen gearbeitet.

Randlösung 3: Für diese Randlösung werden über die letzten vier Kästchen in der Hinreihe vier volle Kästchen gearbeitet und in der Rückreihe ein volles Kästchen, 5 Luftmaschen über 2 Kästchen und wieder ein volles Abschlusskästchen.

Willkommen!

Ist ein Baby auf die Welt gekommen? Oder wollen Sie nach einem kalten Winter den Frühling und die eintreffenden Zugvögel begrüßen? Die Gardine eignet sich für das Kinderzimmer, für den Bauernhof oder die Ferienwohnung.

Größe nach dem Spannen: 59 cm x 92 cm

Material: 150 g Häkelgarn Stärke 10 in weiß
                                   Häkelnadel Nr. 1,75

Muster auf Seite 57 im Musterteil

Diese Gardine wird quer von links nach rechts gehäkelt. Sie beginnen mit einer Kette aus 321 Luftmaschen. Die ersten drei Luftmaschen bilden die Randluftmaschen, Sie häkeln das erste Stäbchen in die vierte Luftmasche und arbeiten insgesamt 116 gefüllte Kästchen.
Dann häkeln Sie der Musterzeichnung entsprechend weiter. Das Häkeln des Stangendurchzuges am oberen Rand (Randlösung 1) ist im Lehrgang zur Filethäkelei am Anfang des Buches beschrieben.

Die fertige Gardine spannen, anfeuchten und trocknen lassen.

Tipp: Sie können am oberen Rand einige zusätzliche leere Filetreihen einfügen, um Ihre gewünschte Höhe zu erreichen.

Lustige Hühnerschar

Ganz einfach und doch sehr wirkungsvoll ist diese kleine Hühnergardine. Probieren Sie dieses Modell doch einmal mit Garn in Hellgelb!

Größe nach dem Spannen: 75 cm x 52 cm

Material: 100 g Häkelgarn Stärke 10 in weiß
                          Häkelnadel Nr. 1,75

Muster auf Seite 59 im Musterteil

Diese Gardine wird quer von links nach rechts gehäkelt. Sie beginnen mit einer Kette aus 168 Luftmaschen. Die ersten drei Luftmaschen bilden die Randluftmaschen, Sie häkeln das erste Stäbchen in die vierte Luftmasche und arbeiten insgesamt 55 gefüllte Kästchen.
Dann häkeln Sie der Musterzeichnung entsprechend weiter.
Das Häkeln des Stangendurchzuges am oberen Rand (Randlösung 1) ist im Lehrgang zur Filethäkelei am Anfang des Buches beschrieben.
Die fertige Gardine spannen, anfeuchten und trocknen lassen.

Tipp: Sie können links und rechts neben den Hähnen weitere Reihen hinzufügen und dabei das Zickzack-Muster am oberen Rand fortsetzen. Die Veränderung in der Höhe gelingt durch das Einfügen oder Weglassen leerer Reihen.

Zwei Hasen

Diese Gardine ist ein Hingucker zur Osterzeit! Sie ist aufgrund des geraden unteren Randes auch für Anfänger/innen ganz einfach zu häkeln. Sie wirkt auch in Gelb!

Größe nach dem Spannen: 62 cm x 51 cm

Material: 100 g Häkelgarn Stärke 10 in weiß
                                       Häkelnadel Nr. 1,75

Muster auf Seite 54 im Musterteil

Diese Gardine wird quer von links nach rechts gehäkelt. Sie beginnen mit einer Kette aus 210 Luftmaschen. Die ersten drei Luftmaschen bilden die Randluftmaschen. Sie häkeln das erste Stäbchen in die vierte Luftmasche und arbeiten insgesamt 69 gefüllte Kästchen. Dann häkeln Sie die Gardine von links nach rechts der Musterzeichnung entsprechend.
Das Häkeln des Stangendurchzuges am oberen Rand (Randlösung 1) ist im Lehrgang zur Filethäkelei am Anfang des Buches beschrieben.
Die fertige Gardine spannen, anfeuchten und trocknen lassen.

Tulpenzauber

Nach einem kalten Winter warten die Menschen sehnsüchtig auf den Frühling und die leuchtenden Farben der Tulpen. An der kleinen Tulpengardine können Sie sich das ganze Jahr über erfreuen.

Größe nach dem Spannen: 52 cm x 28 cm

Material: 50 g Häkelgarn Stärke 10 in weiß
                          Häkelnadel Nr. 1,75

Muster auf Seite 61 im Musterteil

Diese Gardine wird quer von links nach rechts gehäkelt. Sie beginnen mit einer Kette aus 121 Luftmaschen. Die ersten drei Luftmaschen bilden die Randluftmaschen, Sie häkeln das erste Stäbchen in die vierte Luftmasche und arbeiten insgesamt 36 gefüllte Kästchen.
Dann häkeln Sie der Musterzeichnung entsprechend weiter. Das Häkeln der Zu- und Abnahmen am unteren Rand sowie des Stangendurchzuges am oberen Rand (Randlösung 1) ist im Lehrgang zur Filethäkelei am Anfang des Buches beschrieben.

Die fertige Gardine spannen, anfeuchten und trocknen lassen.

Tatü Tata, die Feuerwehr ist da!

Jede Wette, diese Gardine ist der Favorit bei allen kleinen Jungs, die einmal Feuerwehrmann werden wollen.

Größe nach dem Spannen: 77 cm x 47 cm

Material: 100 g Häkelgarn Stärke 10 in weiß
                          Häkelnadel Nr. 1,75

Muster auf Seite 60 im Musterteil

Diese Gardine wird quer von links nach rechts gehäkelt. Sie beginnen mit einer Kette aus 189 Luftmaschen. Die ersten drei Luftmaschen bilden die Randluftmaschen. Sie häkeln das erste Stäbchen in die vierte Luftmasche und arbeiten insgesamt 62 gefüllte Kästchen.
Dann häkeln Sie der Musterzeichnung entsprechend weiter.
Das Häkeln des Stangendurchzuges am oberen Rand (Randlösung 1) ist im Lehrgang zur Filethäkelei am Anfang des Buches beschrieben.
Die fertige Gardine spannen, anfeuchten und trocknen lassen.

Tipp: Dieses Muster wirkt auch als Kreuzstich-Stickerei auf Kissen oder Taschen.

Blumen - Variante 1

Ganz einfach und doch sehr wirkungsvoll ist diese kleine Blumengardine. Sie lässt sich perfekt mit dem folgenden Modell kombinieren.

Größe nach dem Spannen: 65 cm x 38 cm

Material: 50 g Häkelgarn Stärke 10 in weiß
                                        Häkelnadel Nr. 1,75

Muster auf Seite 63 im Musterteil

Die Gardine wird quer von links nach rechts gehäkelt. Sie beginnen mit einer Kette aus 120 Luftmaschen. Die ersten drei Luftmaschen bilden die Randluftmaschen, Sie häkeln das erste Stäbchen in die vierte Luftmasche und arbeiten insgesamt 39 gefüllte Kästchen.
Dann häkeln Sie der Musterzeichnung entsprechend weiter.
Das Häkeln der Zu- und Abnahmen am unteren Rand sowie des Stangendurchzuges am oberen Rand (Randlösung 1) ist im Lehrgang zur Filethäkelei am Anfang des Buches beschrieben.

Die fertige Gardine spannen, anfeuchten und trocknen lassen.

Blumen - Variante 2

Nicht nur eine, sondern viele Blumenreihen ergeben dieses eindrucksvolle Modell. Es ist ganz einfach zu häkeln, Sie brauchen allerdings ein wenig Geduld.

Größe nach dem Spannen: 59 cm x 92 cm

Material: 100 g Häkelgarn Stärke 10 in weiß
                                       Häkelnadel Nr. 1,75

Muster auf Seite 62 im Musterteil

Diese Gardine wird quer von links nach rechts gehäkelt. Sie beginnen mit einer Kette aus 303 Luftmaschen. Die ersten drei Luftmaschen bilden die Randluftmaschen, Sie häkeln das erste Stäbchen in die vierte Luftmasche und arbeiten insgesamt 100 gefüllte Kästchen. Dann häkeln Sie der Musterzeichnung entsprechend weiter. Das Häkeln des Stangendurchzuges am oberen Rand (Randlösung 1) ist im Lehrgang zur Filethäkelei am Anfang des Buches beschrieben. Die fertige Gardine spannen, anfeuchten und trocknen lassen.

Tipp: Ganz einfach können Sie durch Einfügen weiterer Mustersätze die Gardine in Höhe und Breite verändern.

Vier kleine Glücksbringer

Das ist eine Gardine für das Haus auf dem Land oder für alle, die sich ein wenig Bauernhof-Feeling in ihre Wohnung holen wollen.

Größe nach dem Spannen: 78 cm x 44 cm

Material: 100 g Häkelgarn Stärke 10 in weiß
                          Häkelnadel Nr. 1,75

Muster auf Seite 64 im Musterteil

Diese Gardine wird quer von links nach rechts gehäkelt. Sie beginnen mit einer Kette aus 153 Luftmaschen. Die ersten drei Luftmaschen bilden die Randluftmaschen, Sie häkeln das erste Stäbchen in die vierte Luftmasche und arbeiten insgesamt 50 gefüllte Kästchen. Dann häkeln Sie der Musterzeichnung entsprechend weiter. Das Häkeln des Stangendurchzuges am oberen Rand (Randlösung 1) ist im Lehrgang zur Filethäkelei am Anfang des Buches beschrieben.
Die fertige Gardine spannen, anfeuchten und trocknen lassen.

Tipp: Die Breite lässt sich gut durch das Einfügen oder Weglassen einzelner Mustersätze an Ihre Fenster anpassen.

Niedliche Vögelchen

Zwei kleine Spatzen haben sich an Ihrem Fenster eingefunden!

Größe nach dem Spannen: 73 cm x 40 cm

Material: 100 g Häkelgarn Stärke 10 in weiß
                                   Häkelnadel Nr. 1,75

Muster auf Seite 65 im Musterteil

Die Gardine wird quer von links nach rechts gehäkelt. Sie beginnen mit einer Kette aus 138 Luftmaschen. Die ersten drei Luftmaschen bilden die Randluftmaschen, Sie häkeln das erste Stäbchen in die vierte Luftmasche und arbeiten insgesamt 45 gefüllte Kästchen. Dann häkeln Sie die Gardine von links nach rechts entsprechend der Musterzeichnung weiter. Das Häkeln der Zu- und Abnahmen am unteren Rand sowie des Stangendurchzuges am oberen Rand (Randlösung 1) ist im Lehrgang zur Filethäkelei am Anfang des Buches beschrieben. Die fertige Gardine spannen, anfeuchten und trocknen lassen.

Tipp: Sie können die Spatzen nach dem gleichen Muster auch in Kreuzstich auf Kissen, Taschen usw. sticken.

Ein bezauberndes Modell für Anfänger

Wer noch nicht viel Häkelerfahrung hat, erzielt mit diesem einfachen Modell ganz schnell Erfolge.

Größe nach dem Spannen: 67 cm x 47 cm

Material: 100 g Häkelgarn Stärke 10 in weiß
                                         Häkelnadel Nr. 1,75

Muster auf Seite 60 im Musterteil

Diese Gardine wird quer von links nach rechts gehäkelt. Sie beginnen mit einer Kette aus 168 Luftmaschen. Die ersten drei Luftmaschen bilden die Randluftmaschen, Sie häkeln das erste Stäbchen in die vierte Luftmasche und arbeiten insgesamt 55 gefüllte Kästchen.
Dann häkeln Sie der Musterzeichnung entsprechend weiter. Das Häkeln des Stangendurchzuges am oberen Rand (Randlösung 1) ist im Lehrgang zur Filethäkelei am Anfang des Buches beschrieben.
Die fertige Gardine spannen, anfeuchten und trocknen lassen.

Tipp: Die Höhe der Gardine können Sie durch Einfügen oder Reduzieren leerer Kästchenreihen an Ihr Fenster anpassen. In der Breite erreichen Sie durch das Einfügen ganzer Mustersätze die gewünschten Maße.

Dekorative Bögen

Wie gefällt Ihnen diese kleine Kurzgardine? Wäre es vielleicht das passende Modell für Ihre Küche oder für das Fenster im Flur?

Größe nach dem Spannen: 61 cm x 26 cm

Material: 50 g Häkelgarn Stärke 10 in weiß
                                   Häkelnadel Nr. 1,75

Muster auf Seite 52 im Musterteil

Diese Gardine wird quer von links nach rechts gehäkelt. Sie beginnen mit einer Kette aus 66 Luftmaschen. Die ersten drei Luftmaschen bilden die Randluftmaschen. Häkeln Sie das erste Stäbchen in die vierte Luftmasche und arbeiten insgesamt 21 gefüllte Kästchen. Setzen Sie die Häkelarbeit von links nach rechts der Musterzeichnung entsprechend fort.
Das Häkeln der Zu- und Abnahmen am unteren Rand sowie des Stangendurchzuges am oberen Rand (Randlösung 1) ist im Lehrgang zur Filethäkelei am Anfang des Buches beschrieben.
Die fertige Gardine spannen, anfeuchten und trocknen lassen.

Tipp: Sie können die Gardine durch das Einfügen von Mustersätzen vergrößern. Wenn Sie den Stangendurchzug weglassen, erhalten Sie eine breite Borte, die Sie an Rollos annähen können.

Kurz und gut

Diese kurze Gardine hat es in sich. Doch die Mühe lohnt sich!

Größe nach dem Spannen: 60 cm x 26 cm

Material: 50 g Häkelgarn Stärke 10 in weiß
                                           Häkelnadel Nr. 1,75

Muster auf Seite 53 im Musterteil

Diese Gardine wird quer von links nach rechts gehäkelt. Sie beginnen mit einer Kette aus 87 Luftmaschen. Die ersten drei Luftmaschen bilden die Randluftmaschen. Sie häkeln das erste Stäbchen in die vierte Luftmasche und arbeiten insgesamt 28 gefüllte Kästchen. Dann häkeln Sie die Gardine von links nach rechts der Musterzeichnung entsprechend weiter.
Das Häkeln der Zu- und Abnahmen am unteren Rand sowie des Stangendurchzuges am oberen Rand (Randlösung 1) ist im Lehrgang zur Filethäkelei am Anfang des Buches beschrieben.
Die fertige Gardine spannen, anfeuchten und trocknen lassen.

Tipp: Die Gardine wirkt in Weiß oder in einer Farbe Ihrer Wahl. Passen Sie das Häkelgarn an Ihre Einrichtungsgegenstände an. Die Farbauswahl der Häkelgarne ist riesengroß.

Kurzgardine mit Sternenmuster

Dieses Modell wirkt in jedem Zimmer. Wenn Sie die kurze Gardine in Rot, Grün oder Gold arbeiten, erhalten Sie eine weihnachtliche Fensterdekoration.

Größe nach dem Spannen: 59 cm x 24 cm

Material: 50 g Häkelgarn Stärke 10 in weiß
                          Häkelnadel Nr. 1,75

Muster auf Seite 53 im Musterteil

Diese Gardine wird quer von links nach rechts gehäkelt. Sie beginnen mit einer Kette aus 159 Luftmaschen. Die ersten drei Luftmaschen bilden die Randluftmaschen. Sie häkeln das erste Stäbchen in die vierte Luftmasche und arbeiten insgesamt 52 gefüllte Kästchen. Dann häkeln Sie die Gardine von links nach rechts der Musterzeichnung entsprechend weiter.
Das Häkeln der Zu- und Abnahmen am unteren Rand sowie des Stangendurchzuges am oberen Rand (Randlösung 1) ist im Lehrgang zur Filethäkelei am Anfang des Buches beschrieben.
Die fertige Gardine spannen, anfeuchten und trocknen lassen.

Übrigens, die Anleitung zum Häkeln der kleinen Eulen finden Sie in meinem E-Book "Gehäkelte Eulen für Groß und Klein".

Muster ohne Ende

Dieses Modell ist erfordert viel Zeit und viel Geduld. Wer den Aufwand nicht scheut, wird mit einem besonderen Fensterschmuck belohnt. Die Gardine eignet sich perfekt für schmale Fenster, die einen Sichtschutz erfordern.

Größe nach dem Spannen: 50 cm x 98 cm

Material: 200 g Häkelgarn Stärke 10 in weiß
                                               Häkelnadel Nr. 1,75

Muster auf Seite 58 im Musterteil

Diese Gardine wird quer von links nach rechts gehäkelt. Sie beginnen mit einer Kette aus 321 Luftmaschen. Die ersten drei Luftmaschen bilden die Randluftmaschen. Sie häkeln das erste Stäbchen in die vierte Luftmasche und arbeiten insgesamt 106 gefüllte Kästchen. Dann häkeln Sie die Gardine von links nach rechts der Musterzeichnung entsprechend weiter.
Das Häkeln des Stangendurchzuges am oberen Rand (Randlösung 1) ist im Lehrgang zur Filethäkelei am Anfang des Buches beschrieben.
Die fertige Gardine spannen, anfeuchten und trocknen lassen.

Tipp: Wenn Sie den oberen drei Reihen für den Stangendurchzug weglassen, erhalten Sie einen schönen Tischläufer.

Jugendstilornamente

Ein typisches Ornament aus dem Jugendstil gab den Ausschlag für dieses Muster.

Größe nach dem Spannen: 76 cm x 51 cm

Material: 150 g Häkelgarn Stärke 10 in weiß
                                         Häkelnadel Nr. 1,75

Muster auf Seite 67 im Musterteil

Diese Gardine wird quer von links nach rechts gehäkelt. Sie beginnen mit einer Kette aus 189 Luftmaschen. Die ersten drei Luftmaschen bilden die Randluftmaschen. Sie häkeln das erste Stäbchen in die vierte Luftmasche und arbeiten insgesamt 62 gefüllte Kästchen. Dann häkeln Sie die Gardine von links nach rechts der Musterzeichnung entsprechend.
Das Häkeln der Zu- und Abnahmen am unteren Rand sowie des Stangendurchzuges am oberen Rand (Randlösung 1) ist im Lehrgang zur Filethäkelei am Anfang des Buches beschrieben.
Die fertige Gardine spannen, anfeuchten und trocknen lassen.

Einfach zauberhaft

Dieses Muster lässt sich in Höhe und Breite gut variieren. Es eignet sich für kleine Fenster in alten Häusern oder als Rand für ein Rollo.

Größe nach dem Spannen: 56 cm x 21 cm

Material: 50 g Häkelgarn Stärke 10 in weiß
                                   Häkelnadel Nr. 1,75

Muster auf Seite 55 im Musterteil

Diese Gardine wird quer von links nach rechts gehäkelt. Sie beginnen mit einer Kette aus 54 Luftmaschen. Die ersten drei Luftmaschen bilden die Randluftmaschen. Sie häkeln das erste Stäbchen in die vierte Luftmasche und arbeiten insgesamt 17 gefüllte Kästchen. Dann häkeln Sie die Gardine von links nach rechts der Musterzeichnung entsprechend.
Das Häkeln der Zu- und Abnahmen am unteren Rand sowie des Stangendurchzuges am oberen Rand (Randlösung 1) ist im Lehrgang zur Filethäkelei am Anfang des Buches beschrieben.

Die fertige Gardine spannen, anfeuchten und trocknen lassen.

Dekorative Ornamentik

Ein einzelnes Ornament aus dem Jugendstil wird hier zum dekorativen Fensterschmuck.

Größe nach dem Spannen: 54 cm x 70 cm

Material: 100 g Häkelgarn Stärke 10 in weiß
                          Häkelnadel Nr. 1,75

Muster auf Seite 56 im Musterteil

Diese Gardine wird quer von links nach rechts gehäkelt. Sie beginnen mit einer Kette aus 258 Luftmaschen. Die ersten drei Luftmaschen bilden die Randluftmaschen. Sie häkeln das erste Stäbchen in die vierte Luftmasche und arbeiten insgesamt 85 gefüllte Kästchen. Dann häkeln Sie die Gardine von links nach rechts der Musterzeichnung entsprechend.
Die Gardine wird mit Donauklammern an einer Gardinenstange Ihrer Wahl befestigt.

Die fertige Gardine spannen, anfeuchten und trocknen lassen.

Mustergültig!

Die kurze Gardine passt in jedes Fenster, wo viel Licht hineinkommen soll und trotzdem etwas Fensterschmuck gewünscht wird.

Größe nach dem Spannen: 58 cm x 24 cm

Material: 50 g Häkelgarn Stärke 10 in weiß
                                       Häkelnadel Nr. 1,75

Muster auf Seite 55 im Musterteil

Diese Gardine wird quer von links nach rechts gehäkelt. Sie beginnen mit einer Kette aus 87 Luftmaschen. Die ersten drei Luftmaschen bilden die Randluftmaschen. Sie häkeln das erste Stäbchen in die vierte Luftmasche und arbeiten insgesamt 28 gefüllte Kästchen. Dann häkeln Sie die Gardine von links nach rechts der Musterzeichnung entsprechend.
Das Häkeln des Stangendurchzuges am oberen Rand (Randlösung 1) ist im Lehrgang zur Filethäkelei am Anfang des Buches beschrieben.

Die fertige Gardine spannen, anfeuchten und trocknen lassen.

Und was wird aus den Resten?

Wer gern und viel häkelt, hat irgendwann einen ganzen Korb voller Restknäule. Die Lösung sind Borten, denn diese können vielfältig verwendet werden. Arbeiten Sie die Borten so lang Sie möchten. Die finden Verwendung als Regalborte oder als dekorativer Rand an Handtüchern, Vorhängen und Rollos.Muster auf Seite 51.

Borte 1, Breite 7,5 cm: Sie beginnen mit einer Kette aus 30 Luftmaschen. Die ersten drei Luftmaschen bilden die Randluftmaschen. Häkeln Sie das erste Stäbchen in die vierte Luftmasche und arbeiten Sie 9 gefüllte Kästchen. Arbeiten Sie nach Musterzeichnung bis zur gewünschten Länge.

Borte 2, Breite 14 cm: Sie beginnen mit einer Kette aus 45 Luftmaschen. Die ersten drei Luftmaschen bilden die Randluftmaschen. Häkeln Sie das erste Stäbchen in die vierte Luftmasche und arbeiten Sie 14 gefüllte Kästchen. Arbeiten Sie nach Musterzeichnung bis zur gewünschten Länge.

Borte 3, Breite 15 cm: Sie beginnen mit einer Kette aus 57 Luftmaschen. Die ersten drei Luftmaschen bilden die Randluftmaschen. Häkeln Sie das erste Stäbchen in die vierte Luftmasche und arbeiten Sie 18 gefüllte Kästchen. Arbeiten Sie nach Musterzeichnung bis zur gewünschten Länge.

Borte 4, Breite 17,5 cm: Sie beginnen mit einer Kette aus 60 Luftmaschen. Die ersten drei Luftmaschen bilden die Randluftmaschen. Häkeln Sie das erste Stäbchen in die vierte Luftmasche und arbeiten Sie 19 gefüllte Kästchen. Arbeiten Sie nach Musterzeichnung bis zur gewünschten Länge.

Die fertigen Borten spannen, anfeuchten und trocknen lassen.

Musterzeichnungen

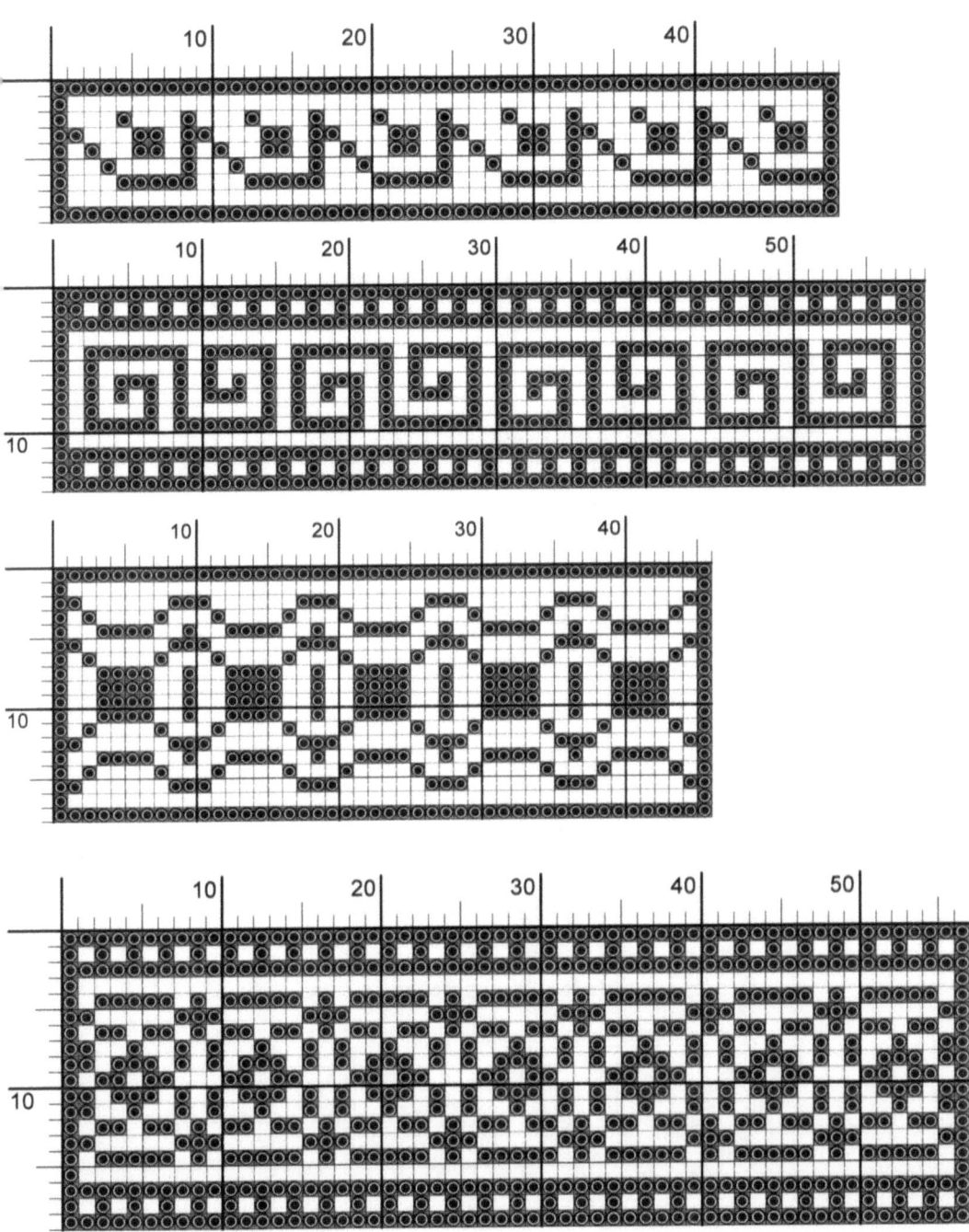

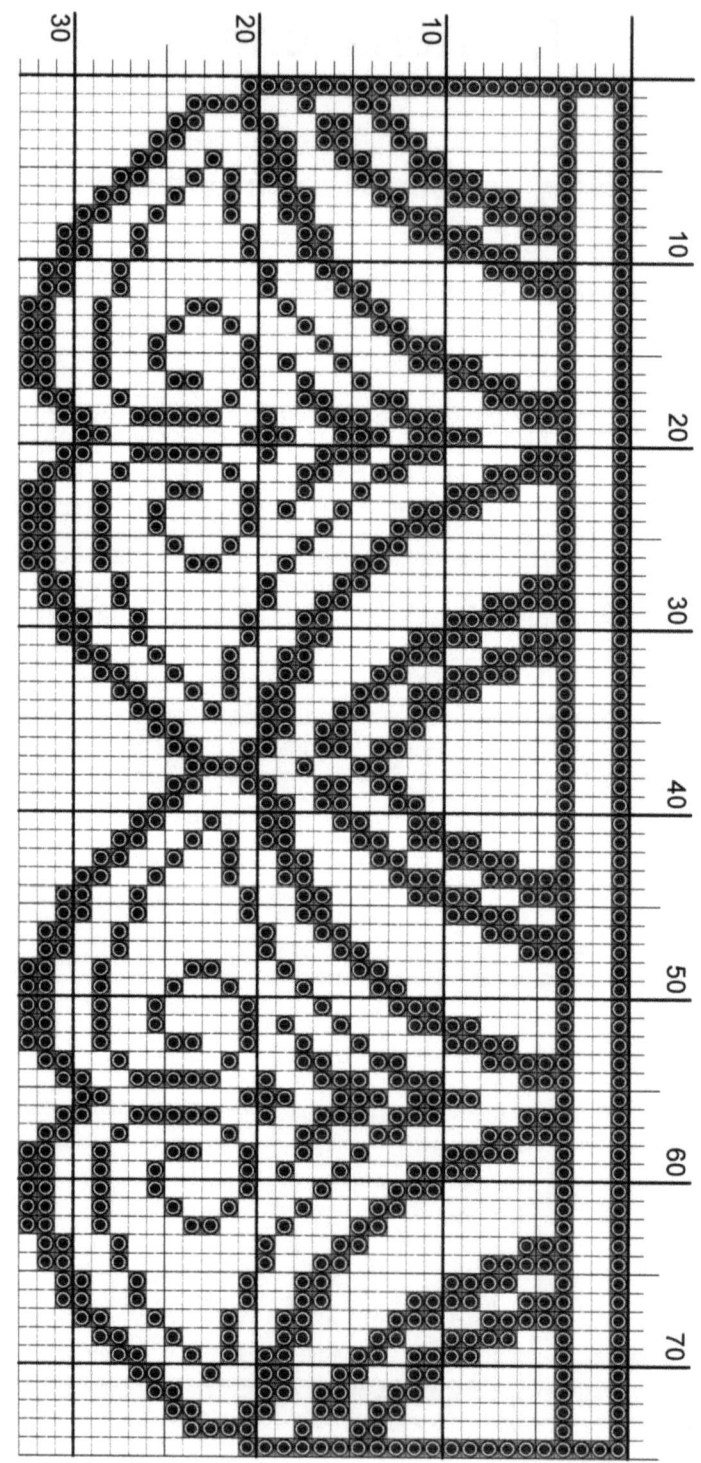

52

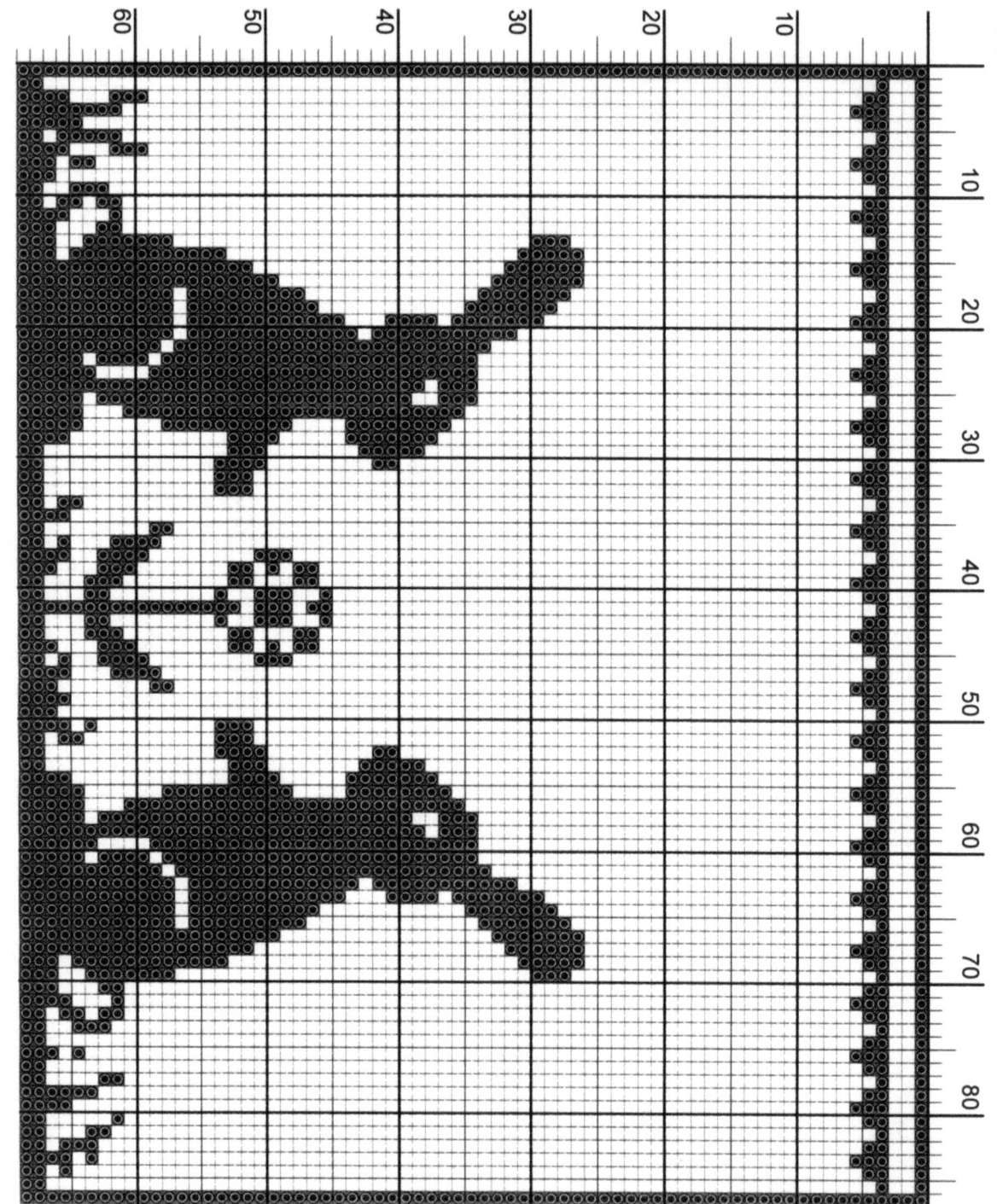

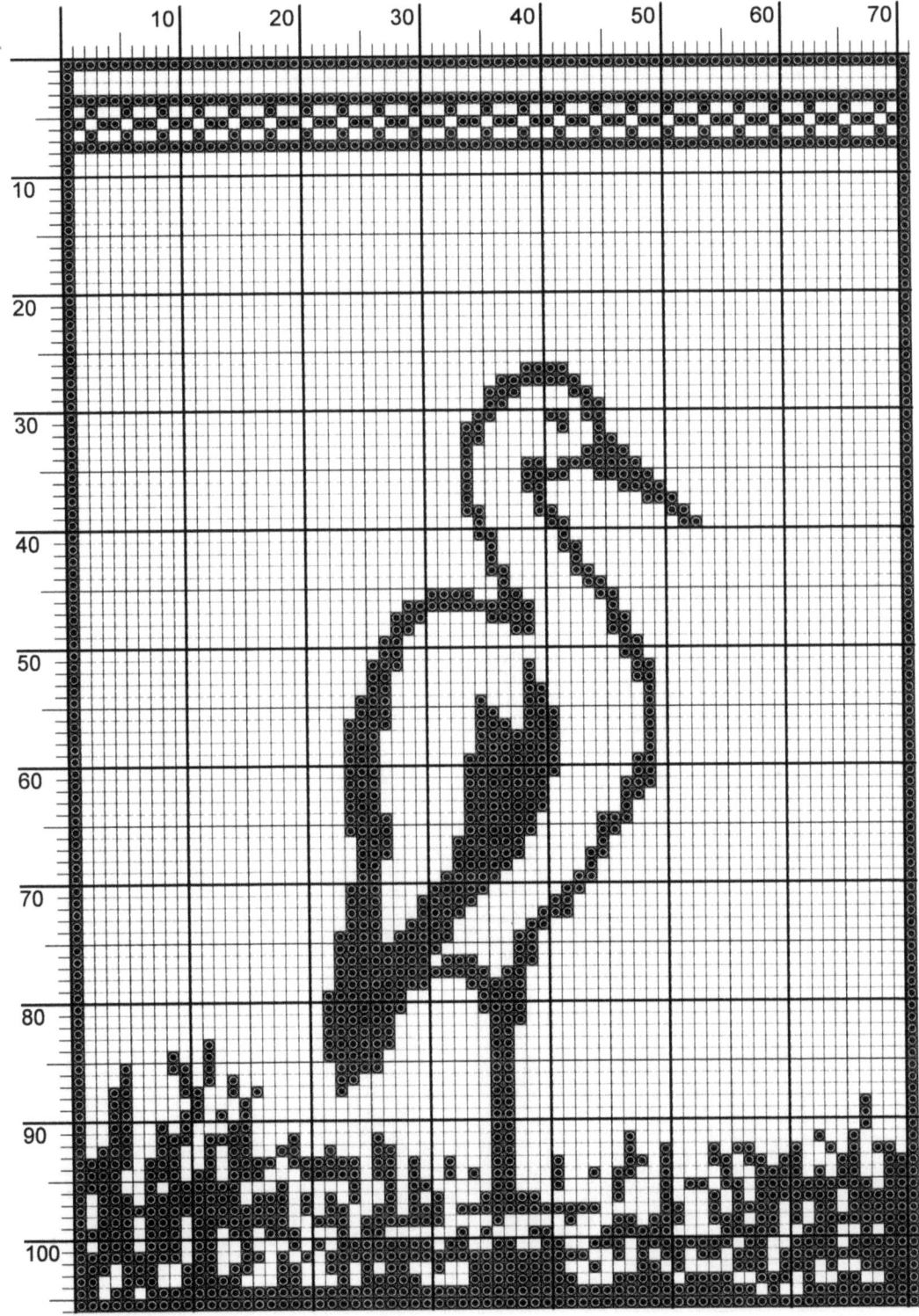

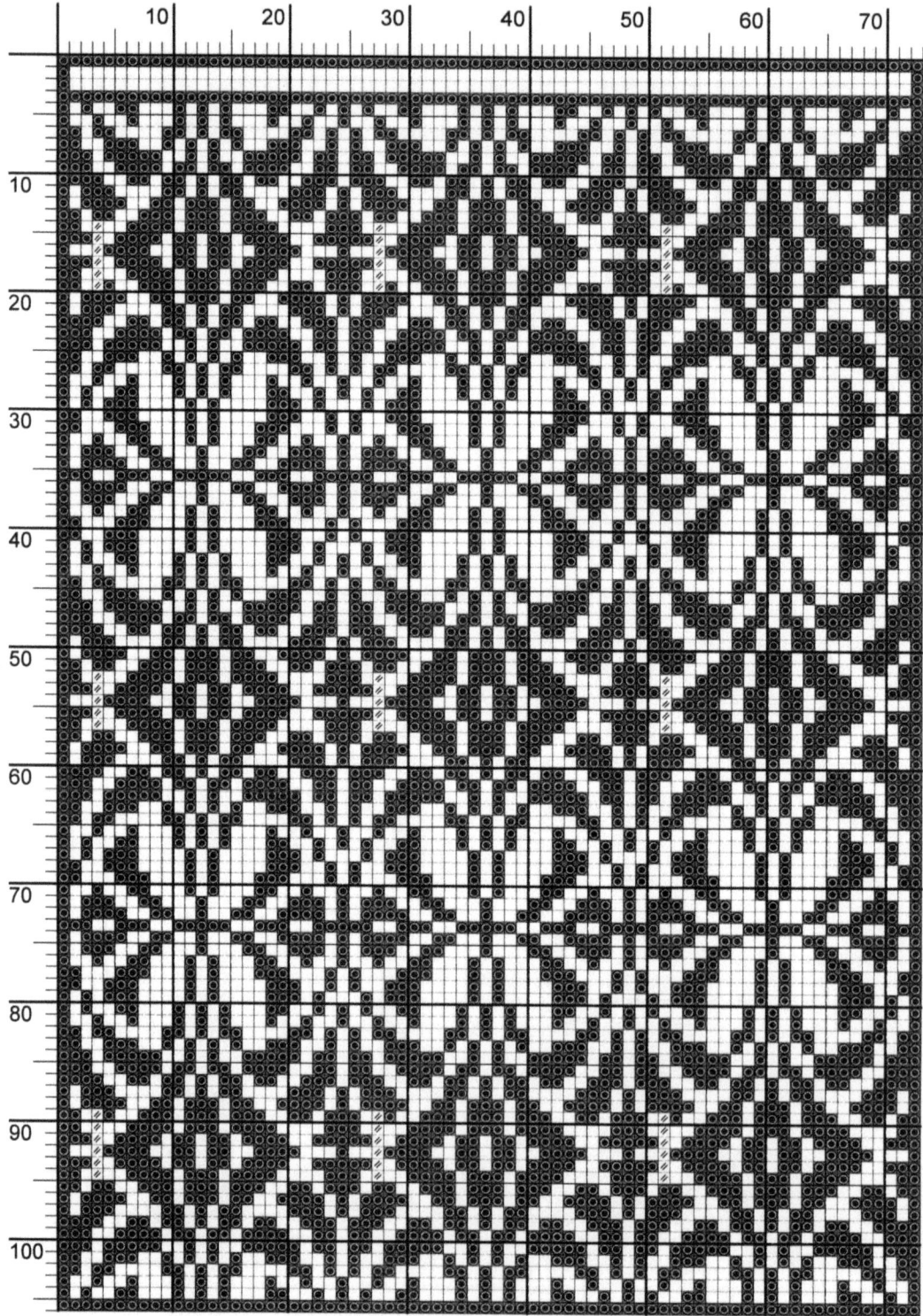

58

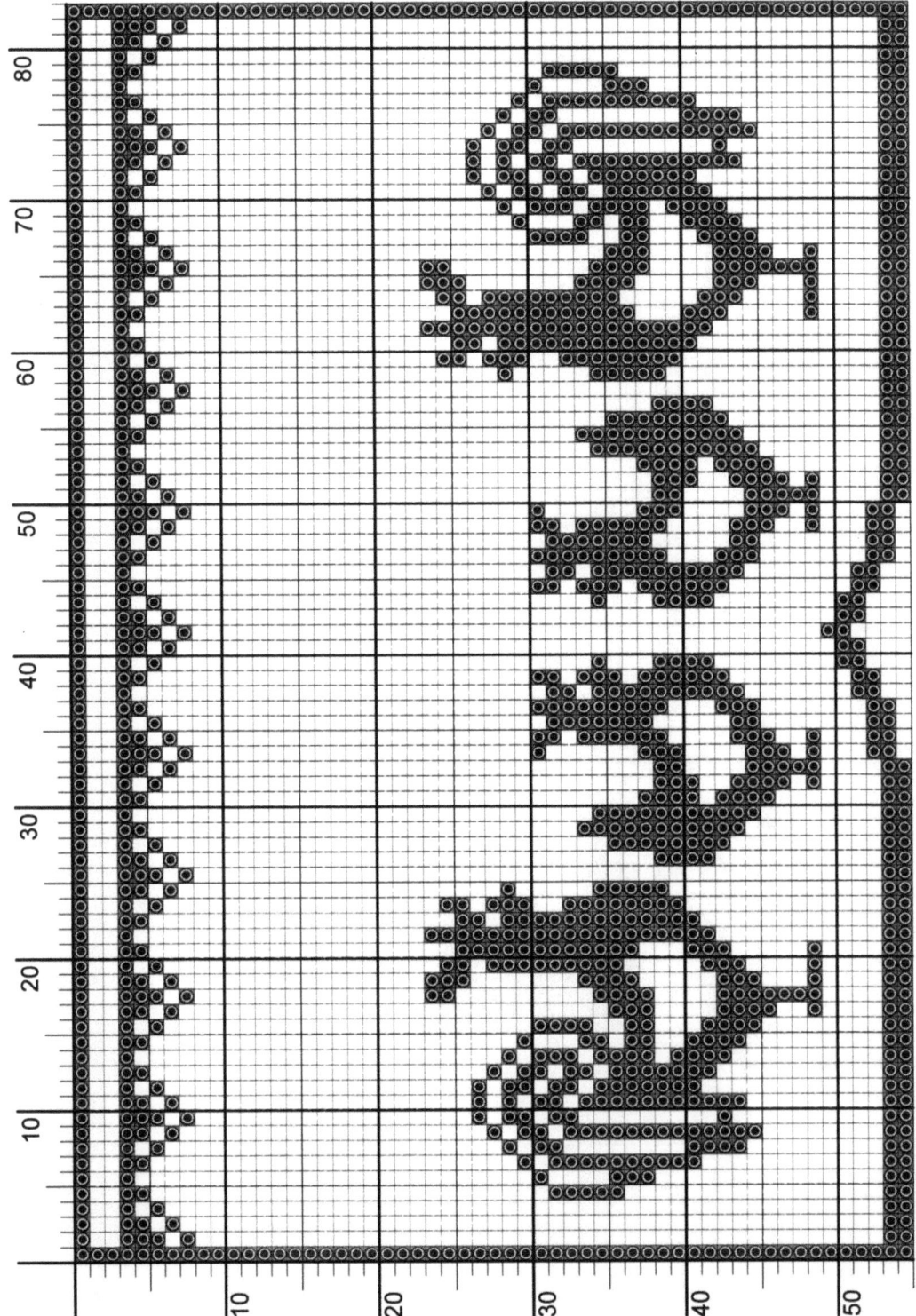

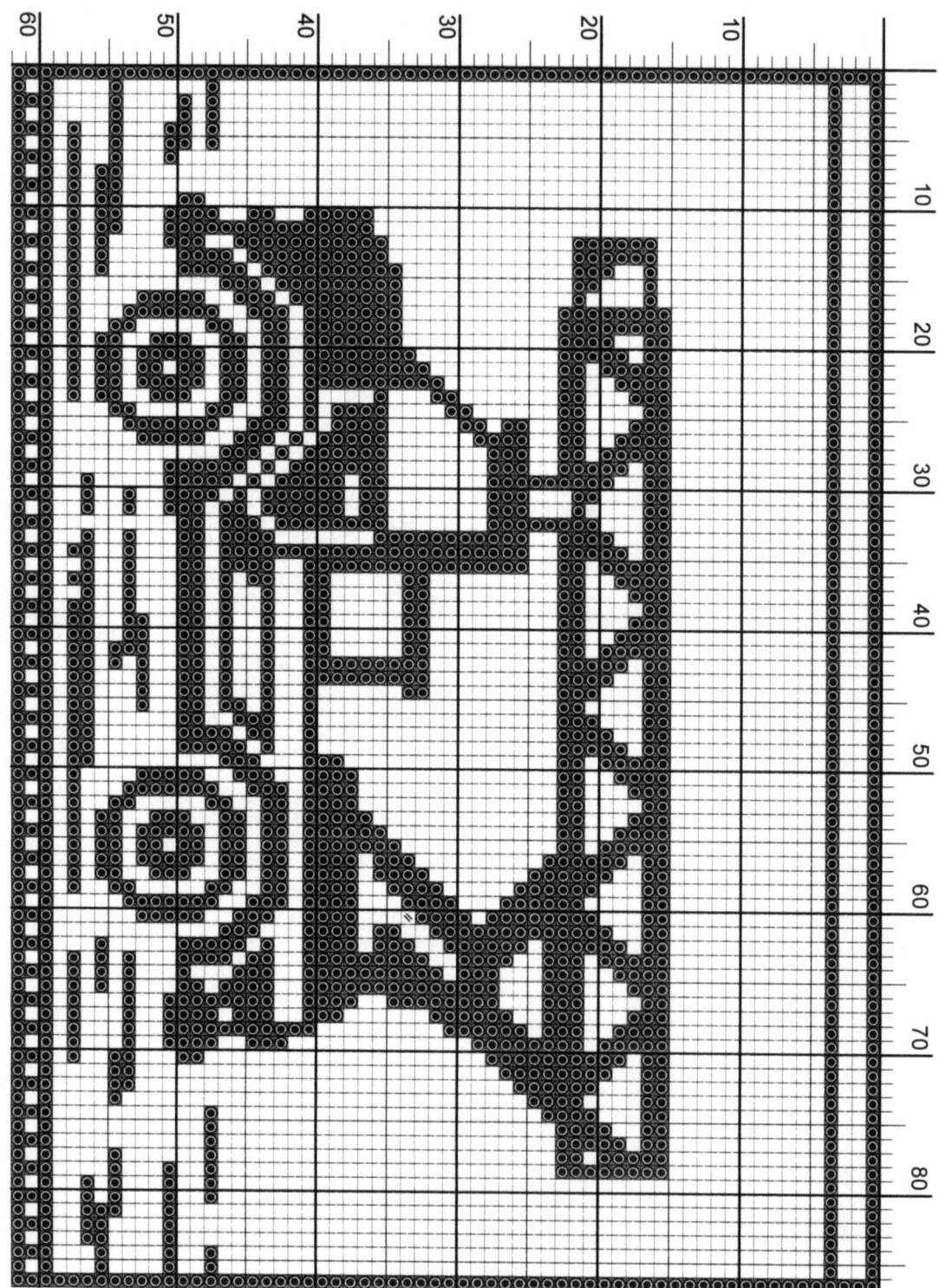

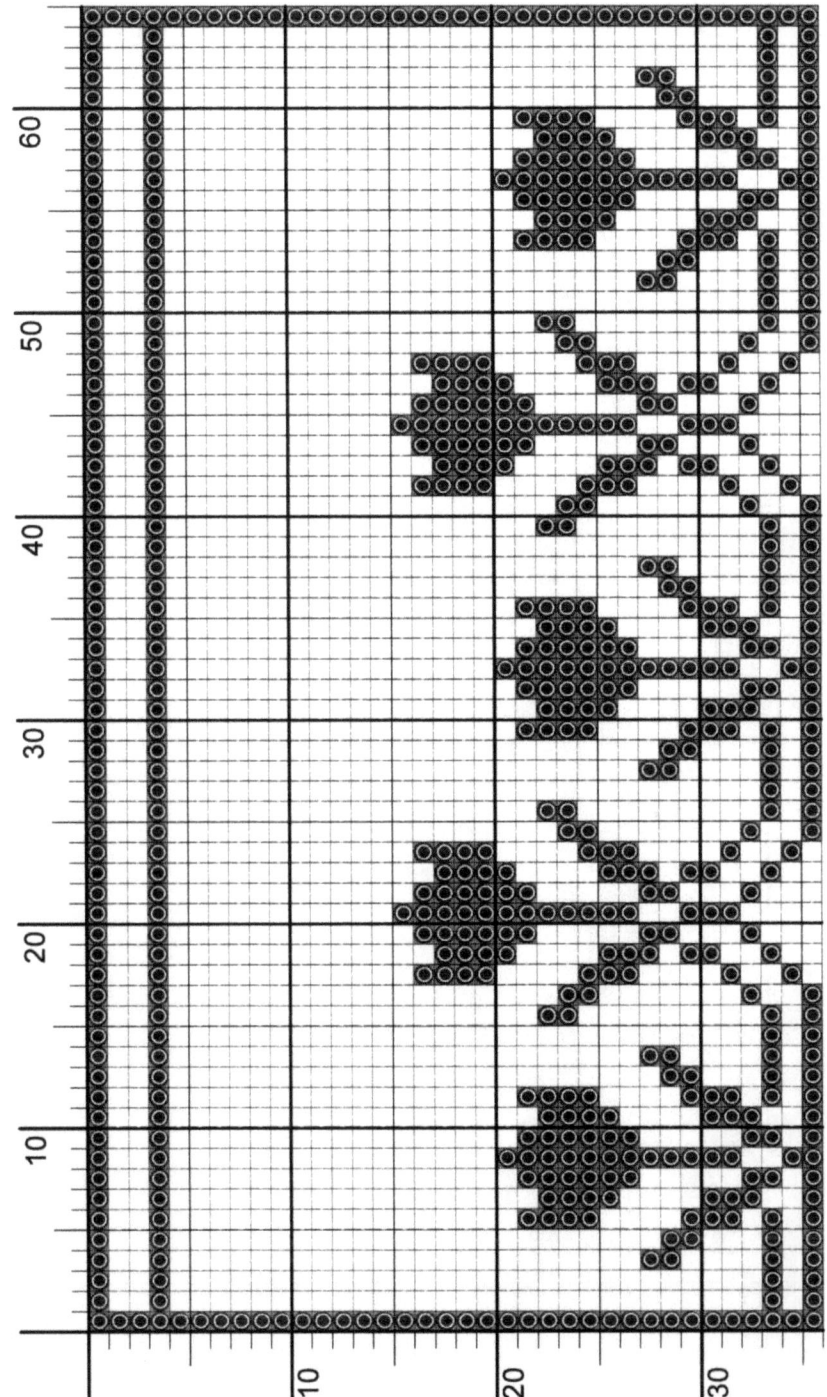

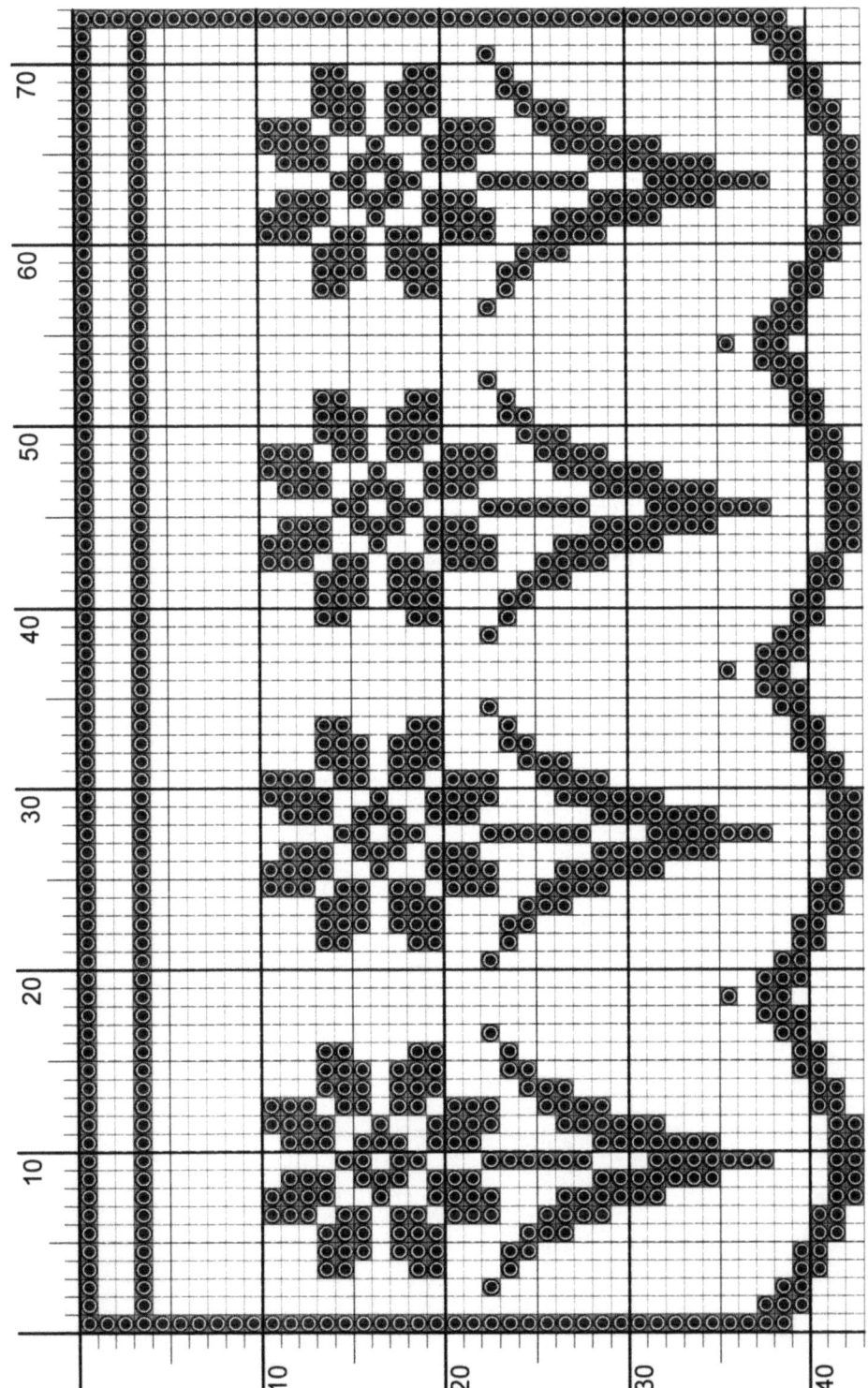

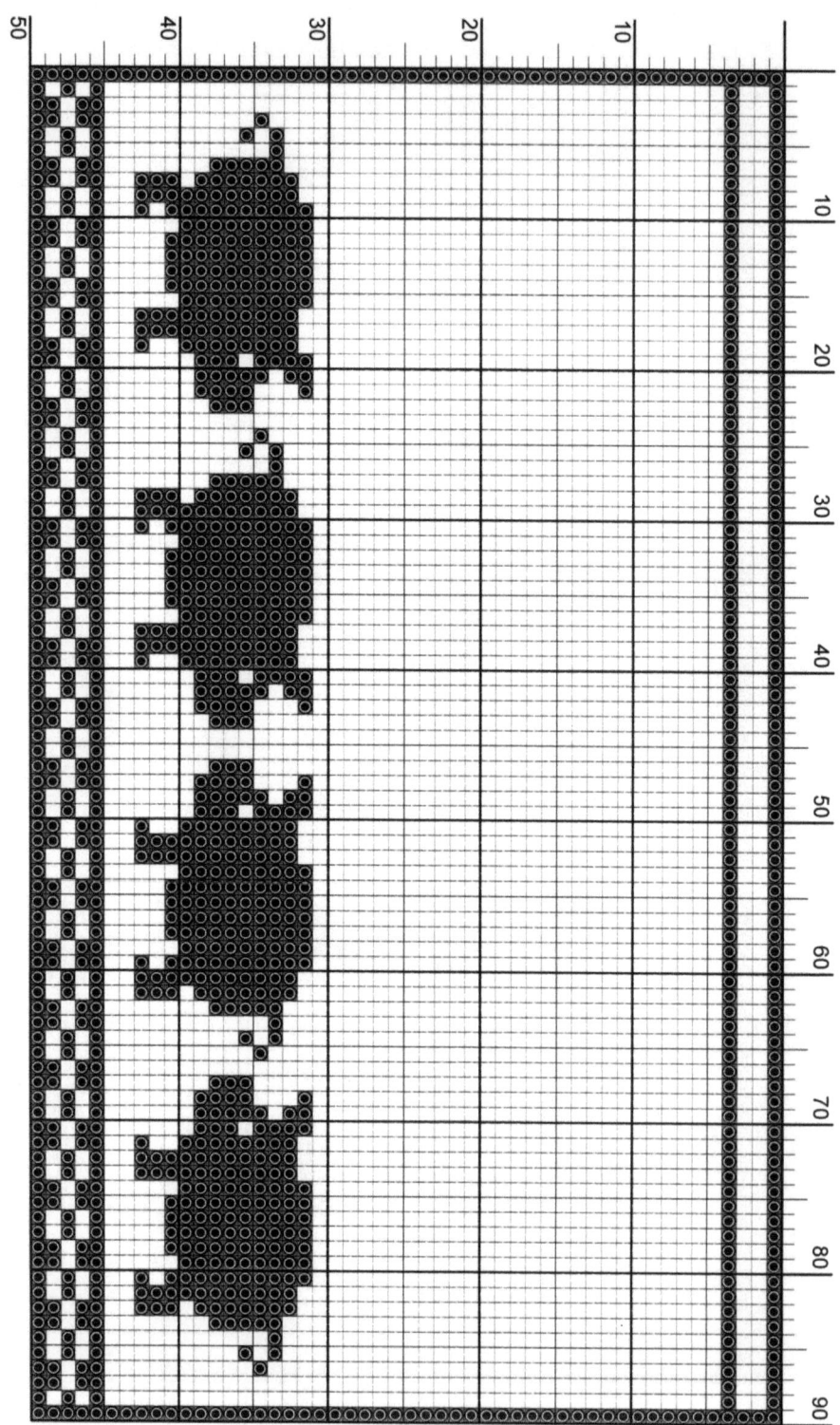

64

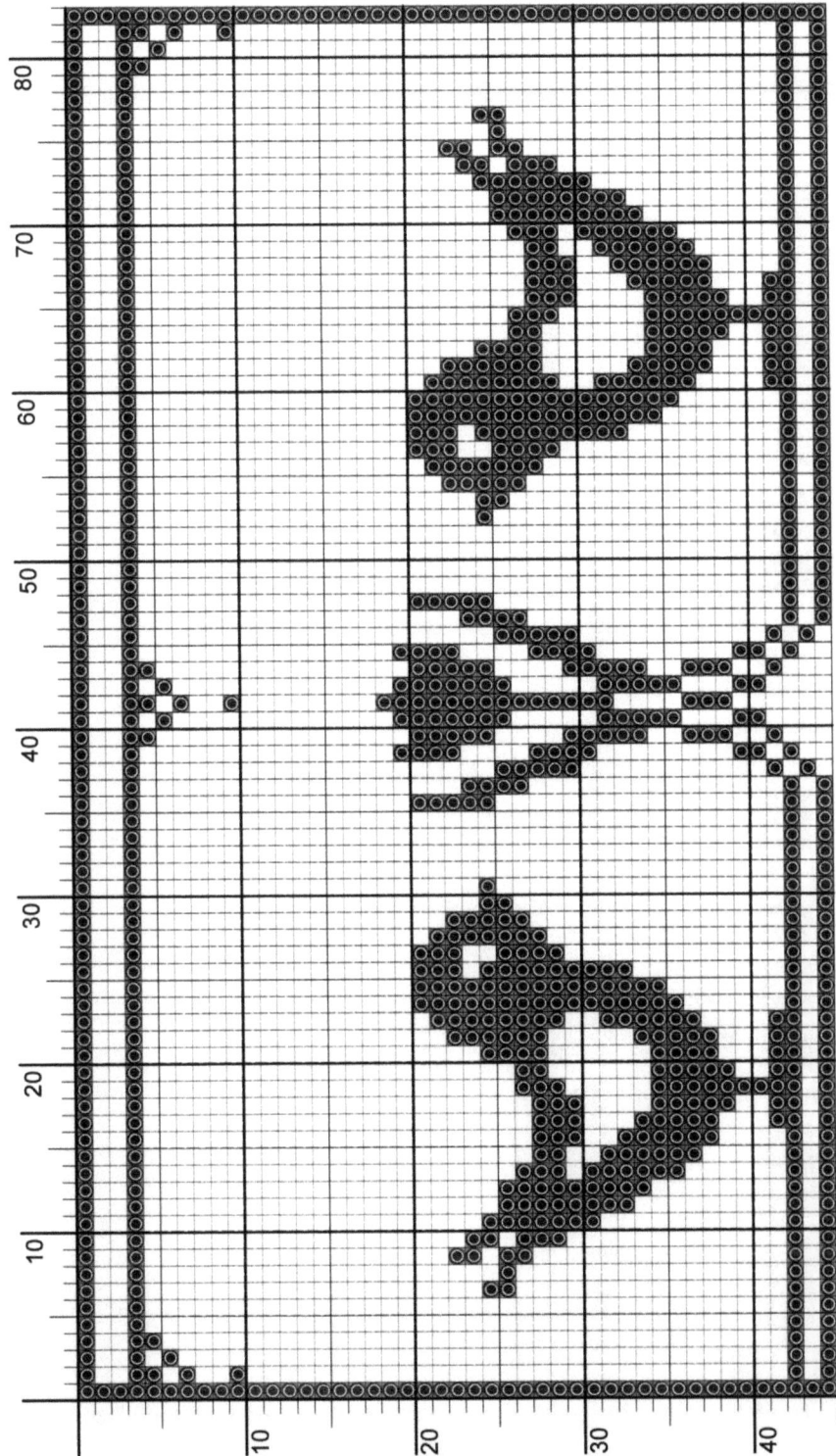

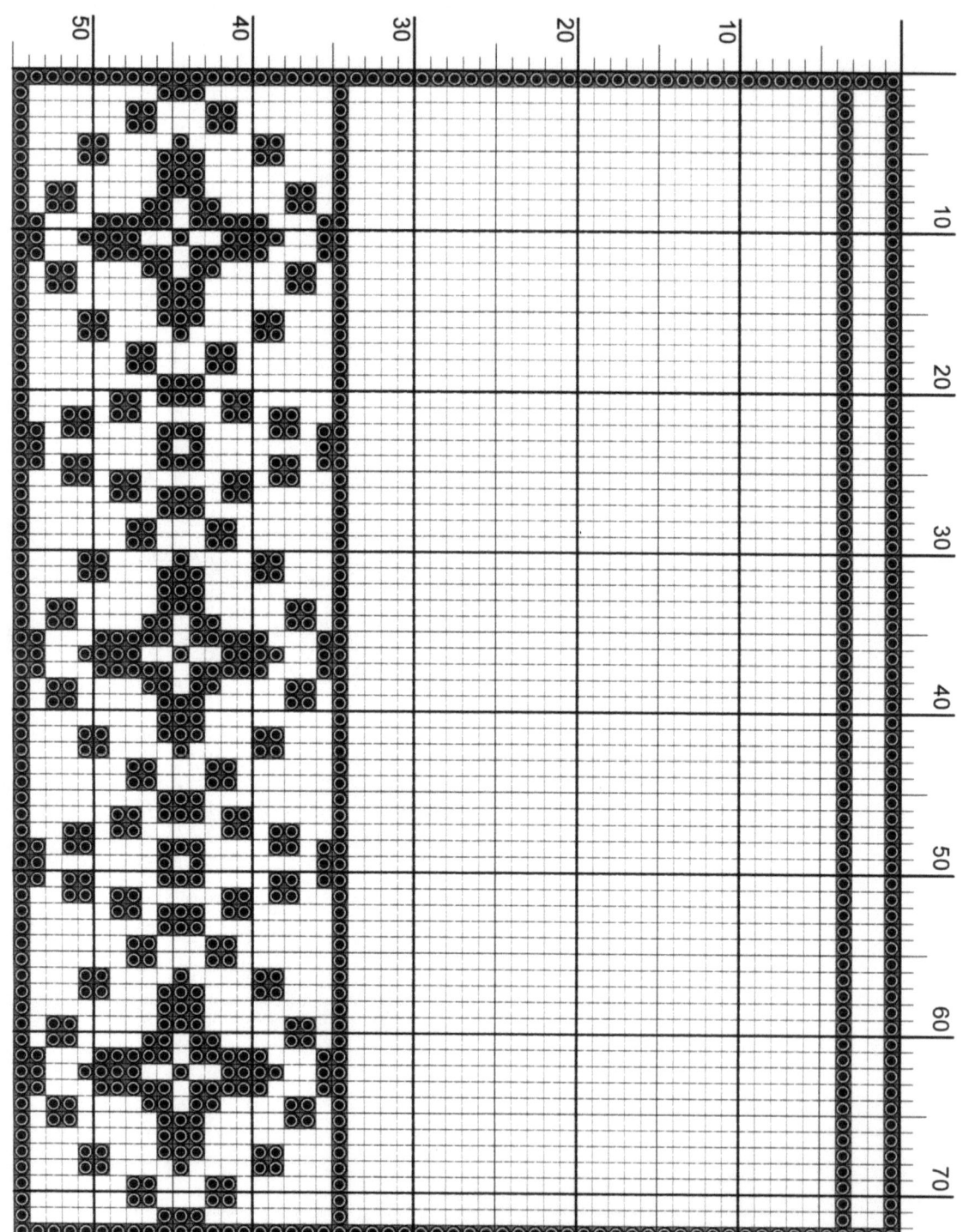

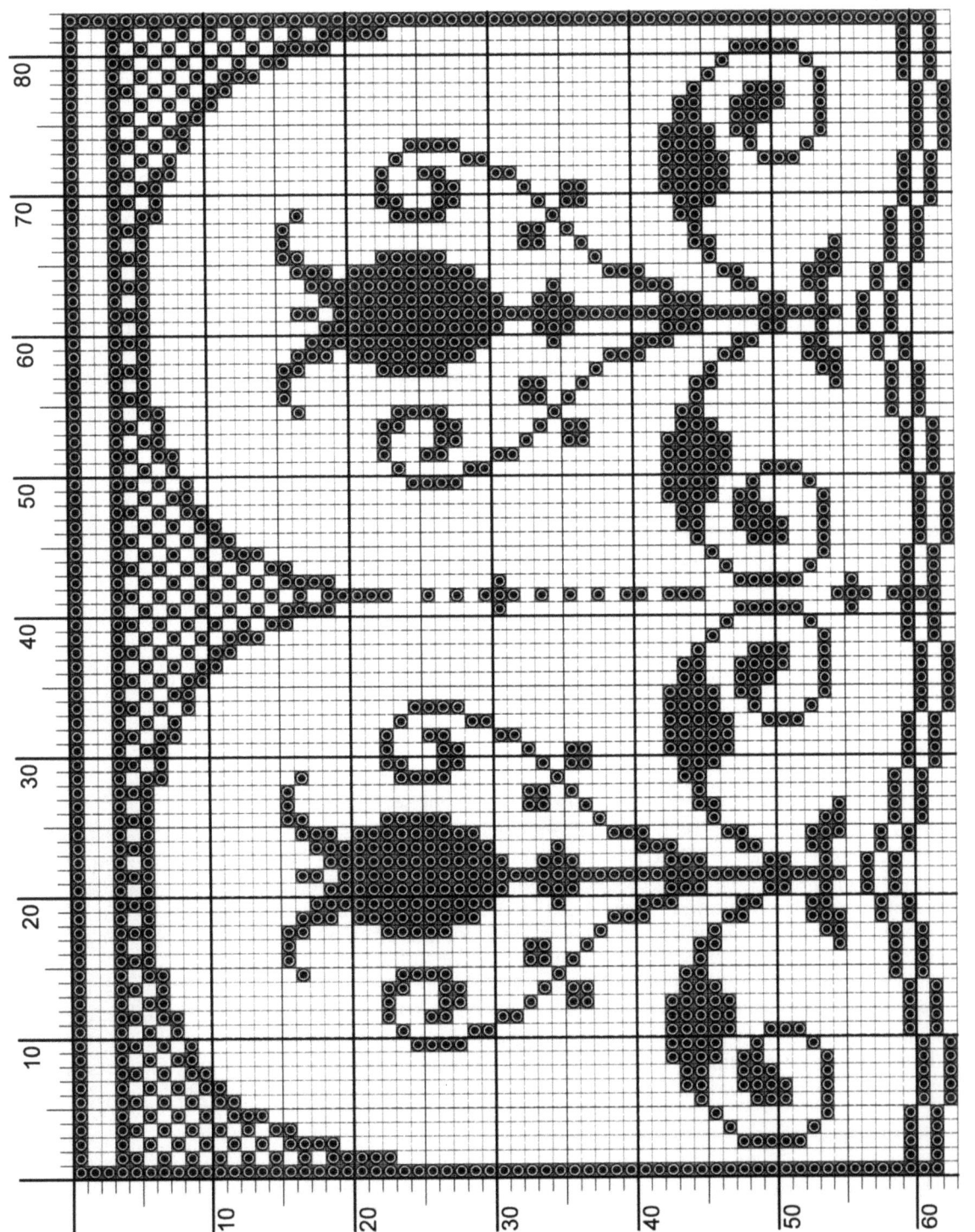

Für alle, die noch mehr Häkelinspirationen suchen:

Gehäkelte Gardinen, 2017, Paperback, 80 Seiten, 9,95 EUR
ISBN 978-3744812924

Gehäkelte Gardinen 2, 2011, Paperback, 80 Seiten, 9,95 EUR, 978-3842384934

Gehäkelte Gardinen 3, 2013, Paperback, 72 Seiten, 8,95 EUR, ISBN 978-3732238164

Gehäkelte Gardinen 4, 2017, Paperback, 68 Seiten, 8,95 EUR, ISBN 978-3744836562

Gehäkelte Gardinen 5, 2018, Paperback, 68 Seiten, 8,95 EUR, ISBN 978-3752806441

Lustige Häkelfiguren, 2013, Paperback, 72 Seiten, 9,90 EUR, ISBN 978-3732254804

Aus dem Ei gehäkelt, Paperback, 52 Seiten, 7,99 EUR, ISBN 978-3743165571

Schutzengel, Weihnachtsengel und Glücksbringer häkeln, e-book, 2016, 2,99 EUR

Eulen häkeln für Groß und Klein, e-book, 2015, 2,99 EUR

Schildkröten häkeln für Groß und Klein, e-book, 2015, 2,99 EUR

Impressum

© 2020 Elke Selke
Herstellung und Verlag: BoD – Books on Demand, Norderstedt.
ISBN: 9783751908436